AF236660

# Wie der Osterhase das Grün der Hoffnung findet

Ostergeschichten von
Jutta Fellner-Pickl

Bibliografische Information der Deutschen Nationalbibliothek:
Die Deutsche Nationalbibliothek verzeichnet diese Publikation in der Deutschen Nationalbiografie; detaillierte bibliografische Daten sind im Internet über http://dnb.d-nb.de abrufbar.

Herstellung und Verlag: BoD – Books on Demand, Norderstedt

Illustrationen: Antonia Franke
Umschlaggestaltung & Gestaltung: Gudrun Kohout

ISBN 9783752899702

# Inhalt

# Frühlingsfrische

Trübes Wetter, keine Sonne.
Von der kurzen Nacht noch müd
Hör ich am Morgen voller Wonne
Klagend süß ein Amsellied.

Zum Föhrenast fliegt eine Meise,
piepst und hüpft ganz frühlingskeck.
Wie ist die Natur doch weise.
Und der Schnee schmilzt auch schon weg.

In einer Tasche alter Trödel,
brauchbar für den Flohmarkt nur.
Traurig hängt ein Meisenknödel,
bloß noch Torso, an der Schnur.

Im kleinen Teich die Orfen-Fische
Haben beide überlebt.
Und plötzlich spür` ich Frühlingsfrische,
dass das Herz mir schlägt und bebt.

## Vom Schneeglöckchen,
## das nicht schlafen wollte

Langsam ging der Winter zu Ende. In einem
Garten mit vielen knorrigen Obstbäumen
streckten einige Schneeglöckchen ihre
hellgrünen Blattspitzen vorsichtig durch das
verdorrte Gras, auf dem noch gruppenweise
schmutzige Schneereste mit Gewalt liegen

bleiben wollten, obwohl die Sonne sich Mühe gab sie zu schmelzen.

Unter einem besonders dicken Schneerest dehnte und reckte sich ein einzelnes Schneeglöckchen. Es konnte fast nicht mehr abwarten, nach dem langen, kalten Winter zu blühen. Gerade dieses Schneeglöckchen hatte es besonders schwer. So sehr es seine spitzen weißen Blättchen auch streckte, das kleine Schneeglöckchen schaffte es nicht, die dicke Schneedecke zu durchdringen. Es musste immer noch einen Tag und noch eine Nacht warten, bis es endlich aus Gras und Schnee hervorlugen konnte. Aber dann freute es sich riesig.

Langsam taute der letzte Schnee, und endlich konnte das Schneeglöckchen auch seinen Stiel mit dem reizenden Glöckchen ausstrecken, und gleich läutete es den Frühling ein. Es weckte die Krokusse, rief Anemonen und Leberblümchen, während der Huflattich auf dem nahe gelegenen Geröllfeld schon mit seinen goldgelben Blüten der Sonne entgegen leuchtete.

Das Schneeglöckchen sah auf seine Geschwister, die sich angeregt miteinander unterhielten und dabei eifrig mit ihren Köpfchen nickten. Sie sprachen über den Frühling, über den Sonnen-schein, und wie schön diese Zeit doch sei. Das

Schneeglöckchen hörte zu, wollte sich aber nicht an den Gesprächen beteiligen. Es hatte genug zu tun damit, die Bienen herbeizuholen und mit der Sonne zu sprechen, die mild vom Himmel schien.

Viel zu schnell wurde es Abend und das Schneeglöckchen sollte schlafen. Aber es war so erfüllt von Sonnenschein und Glück, dass es lange nicht einschlafen konnte. Dabei kam es auf den Gedanken, es müsste schön sein, wenn es gar nicht Nacht würde und die Sonne immerzu scheinen könnte. Es nahm sich vor, gleich am nächsten Tag mit der Sonne zu sprechen.

Am nächsten Morgen, als die Sonne aufging, war das Schneeglöckchen schon hellwach. Es fragte die Sonne, ob sie nicht länger scheinen möchte als einen Tag, so dass es auch nachts läuten könnte. Die Sonne war sehr erstaunt und meinte, das ginge doch nicht, so etwas sei noch nie dagewesen. Die anderen Blumen, Menschen und Tiere brauchten ihren Schlaf, sie wären damit ganz bestimmt nicht einverstanden. Das Schneeglöckchen aber bat und bettelte und sagte, dass dann der restliche Schnee doch auch viel schneller tauen würde, alle Wesen den Winternebel gehörig satt hätten und auch nach Sonne lechzen würden.

Lange überlegte die Sonne und sagte dann, sie könne diesen Vorschlag ja versuchsweise einmal in die Tat umsetzen. Sie schien den ganzen Tag und als es Abend wurde, strahlte sie immer noch, und es wollte gar nicht dunkel werden. Auch in der Nacht blieb sie leuchtend am Himmel stehen.

Der Mond war äußerst erstaunt über die nächtliche Sonne. Er konnte natürlich nicht scheinen und schimpfte gehörig, so dass die Sonne ein ganz schlechtes Gewissen bekam. Auch die Sterne konnten nicht leuchten und fühlten sich sehr zurückgesetzt. Dies alles nur wegen eines einzigen Schnee-glöckchens.

Das Schneeglöckchen indessen war glücklich. Als ihren Geschwistern in der hellen Nacht längst die Augen zugefallen waren, nickte es weiterhin mit seinem Köpfchen und versuchte, alle Insekten und das sonstige Getier aus dem Winterschlaf zu holen. Ein brauner dicker Käfer brummte, dass es eine Zumutung wäre, mitten in der Nacht aufzuwachen und dann tagelang wach bleiben zu müssen. Auch die Menschen wunderten sich sehr und dachten, die Welt ginge vielleicht unter, denn das hatte es seit Menschengedenken nicht gegeben, dass nachts die Sonne schien. Müde lehnten sie in ihren Sesseln und wussten nicht: sollten sie wachen oder schlafen.

Nun wurde das kleine Schneeglöckchen doch ein wenig nachdenklich über die Reaktion der Menschen, Tiere und Pflanzen. Außerdem, als die helle Nacht zu Ende ging, wurde es schon ein wenig müde und konnte sich beinahe nicht mehr auf seinem Stängel halten. Jetzt hatte es wieder einen ganzen Tag vor sich und wieder eine ganze Nacht, wo dauernd die Sonne scheinen sollte. Aber nun war es zu spät – die helle Nacht hatte alle Wesen durcheinander gebracht.

Deshalb wandte sich das Schneeglöckchen mit dem müden Köpfchen noch einmal der Sonne zu und bat inständig, fortan den Tag und die Nacht wieder so zu gestalten, wie es von der Natur aus vorgesehen war. Die Sonne hatte sich auch schon Gedanken gemacht und die Angelegenheit bereut, denn sie sah wohl, dass es so nicht weitergehen konnte. Sie legte sich am Abend wieder zur rechten Zeit schlafen und überließ dem Mond und den Sternen den nächtlichen Himmel.

Das Schneeglöckchen schlief in dieser Nacht tief und fest. Es hatte seine Blütenblättchen zusammengefaltet und träumte von wunderbaren Dingen: vom sonnigen Tag und der dunklen Nacht, und es erwachte am nächsten Morgen fröhlich und ausgeruht. Übermütig schaukelte es auf seinem Stängel, läutete sein Glöckchen und hörte den summenden Bienen zu. Am Tag lachte es mit der Sonne um die Wette, in der Nacht grüßte es den silbernen Mond und die goldenen Sterne. So blieb das Jahr um Jahr, und das Schneeglöckchen war glücklich und zufrieden.

# Das Bächlein

Es war Frühling geworden, und die Sonne taute die Eisdecke weg, die das Bächlein in der kalten Jahreszeit gebremst hatte. Es gluckste und plätscherte vergnügt und freute sich seiner neu gewonnenen Freiheit. Über Stock und Stein hüpfte es, sprang über moosbewachsene Hindernisse, rauschte und murmelte. Weiter unten klang es wieder wie eine kleine, leise Melodie.

Ganz in der Nähe hatte der Osterhase sein Domizil aufgebaut. Dort stellte sein Team alle Waren her, mit denen die Osternester gefüllt werden sollten. Wenn die Automaten zur Produktion von Schokoladeneiern gerade einmal nicht liefen und seine Crew keine lautstarken Diskussionen führte, hörte er das Bächlein plätschern. Am Bach selbst hielt er sich kaum auf, höchstens um ein paar frische, saftige Kräuter zu mümmeln, denn Hasen haben ein etwas gestörtes Verhältnis zum nassen Element.

Nun hatte es in den letzten Tagen stark geregnet, so dass das Bächlein anschwoll und sein Wasser kaum noch fassen konnte. Übermütig sprang es über die Ufer hinaus und überschwemmte die Wiese.

Schnell krochen Käfer auf hohe Grashalme, um sich in Sicherheit zu bringen. Eine Abordnung Ameisen versuchte, ihren Bau abzudichten, damit das wilde Bächlein nicht auch noch in die Gänge eindringen konnte. Hingegen fand ein dicker grüner Frosch die ganze Angelegenheit höchst amüsant. Er plantschte im Wasser herum und lachte und lachte. Ein graues Mäuslein, das gerade voll Schrecken aus seiner über-schwemmten Wohnung geflohen war, äußerte sich ganz empört über dieses Gelächter.

Als der Osterhase das viele Wasser sah, erschrak er bis in die Bartspitzen, war doch sein ganzes Terrain bedroht. Er wurde weiß um die Nase. Angewidert stapfte er durch das hohe Nass, wobei er sein Schwänzchen gerade noch im Trockenen halten konnte. Ärgerlich rief er dem Bächlein zu, es solle sich mäßigen und das Wasser gefälligst zum Stillstand bringen. Wenn seine Fabrik überschwemmt sei, würden die ganzen

Osterüberraschungen den Bach hinunter laufen.

*„Was soll's"*, lachte das Bächlein unbekümmert, *„ich muss auch zurecht kommen, wenn im Sommer die Sonne so heiß brennt und mein Bachbett austrocknet, was ein äußert unangenehmes Gefühl für mich ist."* Und es schwappte über seine Ufer, dass das Wasser nur so spritzte.

Der Osterhase verlegte sich aufs Bitten: *„Schau"*, sagte er zum Bächlein, *„wenn jetzt meine ganzen Werkstätten unter Wasser stehen, werde ich bis Ostersonntag mit der Produktion nicht fertig und was soll ich dann den Kindern in die Osternester legen? Sie werden sicher sehr traurig sein."*

Nun wurde das Bächlein nachdenklich, denn Kinder mochte es sehr gerne. Wenn es Besuch von ihnen erhielt, war das immer lustig und unterhaltend. Traurige Kinder wollte das Bächlein auf gar keinen Fall sehen. Es bremste und zügelte sich, es machte sich ganz schlank und zwängte sich in sein Bachbett zurück. Der Osterhase atmete auf.

Langsam floss das Wasser ab und die Sonne trocknete den Rest. Die Käfer krochen eilig von den Grashalmen herunter, die Ameisen gingen wieder ihrer normalen Tätigkeit nach und das graue Mäuslein zog in seine

Wohnung zurück. Nur der dicke Frosch quakte unzufrieden vor sich hin. Nun ja, man konnte es eben nicht jedem recht machen.

Die Werkstätten des Osterhasen hatten arg gelitten. Wasser stand noch in den Gängen, in denen die Kartons mit der Marzipan-Rohmasse gestapelt waren. Alles musste ausgelagert und getrocknet werden. Einige Schachteln Schokoladeneier waren unbrauchbar geworden. Diese Überschwemmung hatte dem Osterhasen gerade noch gefehlt. Er raufte sich den Schnurrbart und fing an zu zittern. Auch ein Osterhase gerät unter Stress, was hoffentlich nicht noch zu einem Burn-out führen würde. Zudem kam dauernd ein Hase gelaufen, um dieses zu klären und jenes zu fragen.

Schließlich nahm der Osterhase Reißaus und flüchtete zum Bächlein.

*„Ja, wie siehst du denn aus"*, rief das Bächlein, als der Osterhase dort ankam. Der schaute ins Wasser und sah sein Spiegelbild. Es war erschreckend. Das Fell stand ihm zu Berge, die Ohren hingen herunter und sein Schnurrbart bebte, so mitgenommen hatte ihn die ganze Sache.

*„Völlig schuldlos bist du daran nicht"*, sagte er tadelnd zum Bächlein, *„wir sind so*

*in den Rückstand geraten, dass wir alle schon ganz k.o. sind."*

Das Bächlein hatte natürlich ein schlechtes Gewissen, deshalb versuchte es, den Osterhasen aufzuheitern. Es erzählte ihm von seinen Reisen und was es dabei alles gesehen und erlebt hatte, so dass der Osterhase schließlich auf andere Gedanken kam und neue Kraft schöpfte.

Fortan ging er immer zum Bächlein, wenn ihm alles zu viel wurde. Das Bächlein tröstete ihn und machte ihm Mut. Gestärkt kehrte er dann zu seinen Mitarbeitern zurück. Ostereier, Schokoladenhasen und Marzipanküken stapelten sich massenweise in den Verpackungen und von der ganzen Überflutung war bald nichts mehr zu erkennen.

Ostersonntag am Mittag war endlich alles vorbei, sozusagen das letzte Nest belegt. Die Hasen führten einen Freudentanz auf und feierten ein großes Fest. Nun hatten sie wieder Ruhe bis zum nächsten Jahr.

Der Osterhase aber schlich sich davon. Er ging zum Bächlein und legte sich dort in das dichte Gras. Er knabberte hier ein Blättchen und dort ein Blättchen vom saftigen Grün. Das Bächlein freute sich darüber. Es lachte und gluckerte und sprang über Stock und Stein.

Der Osterhase und das Bächlein hielten
seitdem enge Freundschaft, und das nicht
nur zur Osterzeit.

# Hasenohren

Das Hasenland ist ein ausgesprochen sonniges Land, und alle Hasen, die darin leben dürfen, wollen niemals daraus fortgehen. Fast immer ist der Himmel blau und klar, höchstens ein weißes Wölkchen hängt verträumt daran, ohne die Sonne zu hindern, ihre warmen, goldenen Strahlen zur Erde zu schicken.

Im Frühling hat das Hasenland seine Pforten weit geöffnet, um alle Gasthasen aus den benachbarten Wäldern hereinzulassen, die bei der Produktion der Ostergeschenke helfen wollten. Zu dieser Zeit zeigt sich das Hasenland besonders schön. Schneeglöckchen und Traubenhyazinthen blühen, und das duftende Veilchen streckt sein blaues Antlitz der Sonne entgegen. Die Bienen summen und haben ihre kleinen Beinchen voll gelbem Blütenstaub gepackt. Die dicken Hummeln summen und brummen mit den Bienen um die Wette. Vergnügt schlagen die Hasenkinder Purzelbäume, naschen hier und dort ein wenig von jungen Pflanzen und spielen Fangen hinter den dichten Büschen.

In diesem wunderbaren Land lebte der Hase Schnurz. Er war jung und unbeschwert, voller Tatendrang, und jeder im Hasenland erkannte ihn schon an seinem fröhlichen Lachen. Außerdem hatte er besonders wohlgestaltete Ohren, lang, schlank und von einem zarten Hellbraun. Wenn sie irgendwo aus dem hohen Gras lugten, wusste jeder sofort, dass hier Schnurz unterwegs war.

Der Osterhase hatte in dieser Zeit sehr viel zu tun. Es gab eine Menge zu bedenken und einzuplanen, dass er oft gar nicht mehr wusste, wo ihm der Kopf stand. So musste er wohl oder übel auch wichtige Aufgaben delegieren. Der eine Hase sollte sich um die Beschaffung der Eier kümmern, der andere Hase um den Einkauf von Ostergras.
Schnurz hatte eigentlich gar keine Lust, irgendetwas zu tun. Aber in der Osterzeit wurde jede Pfote gebraucht. Deshalb beauftragte ihn der Osterhase, in die umliegenden Dörfer zu hüpfen, um dort

genau auszukundschaften, welche Wünsche die Kinder in diesem Jahr zu Ostern hatten.

An einem strahlenden Frühlingsmorgen machte sich Schnurz auf den Weg. Er durchquerte den Wald, lief über eine sonnige Wiese, dann den Bach entlang. Endlich erreichte er die Straße, die schnurstracks in das Dorf führte. Schon von Weitem sah er den Kirchturm weiß leuchten.

Als Schnurz die ersten Häuser erreicht hatte, musste er sich in acht nehmen, dass er nicht gesehen wurde. Erblickten ihn Kinder, erscholl sofort ein Geschrei nach Ostereiern, oder die Kinder rannten hinter ihm her. Er versteckte sich bei einem Johannisbeerbusch. Allerdings musste er aufpassen, dass ihn seine langen Ohren nicht verrieten.

In diesem Moment verließen einige Kinder das Haus. Sie rannten sichtlich vergnügt in den Garten, um dort zu spielen. Plötzlich blieb ein Junge stehen und rief einem Mädchen zu: *„Sag mal, wo sind meine Hasenohren, hast du sie vielleicht aufgegessen?"*

Schnurz erschrak bei diesen Worten so sehr, dass er die Antwort gar nicht hörte. Beinahe wäre ihm das Herz stehen geblieben. Momentan konnte er sich kaum mehr bewegen. Wie angewurzelt hockte er am Boden. Es wurde ihm schwarz vor den Augen. Aßen die Kinder etwa Hasenohren? Wie schrecklich! Unglaublich!

War das der Dank für all die Mühe der Hasen, die den Kindern zu Ostern die Nester füllten, mit bemalten Eiern und sonstigen Überraschungen? Er musste sofort nach Hause und diese Horrorgeschichte erzählen.

Als Schnurz sich etwas von seinem Schreck erholt hatte, schlich er heim, nicht länger fröhlich und unbeschwert, sondern voll Angst und Entsetzen. Jedem Hasen, den er traf, schaute er sofort auf die Ohren, ob sie sich wirklich noch auf seinem Kopf befanden.

Der Osterhase war sichtlich irritiert, als Schnurz ihm sein Erlebnis erzählte. Sollte er die Osteraktion abblasen? Wenn diese Geschichte wirklich stimmte, blieb ihm keine andere Wahl. Denn ohne Ohren sollte keiner seiner Hasen herumlaufen.

Nach längerem Überlegen kam er zu dem Schluss, dass ja noch gar nichts bewiesen sei und vorläufig alles beim Alten bleiben sollte. Er gebot Schnurz, er solle kein Sterbenswörtchen
über die grauenvolle Geschichte verlauten lassen.

Schnurz fiel das Schweigen sehr schwer. Zitternd hoppelte er hinter eine junge Birke. Das Hüpfen war ihm vergangen. Je länger er dort saß, umso mehr kroch wieder die Angst in ihm hoch. Und mit keinem Hasen durfte er die Sache besprechen. Es war nicht auszuhalten. Immer wieder fasste er sich an seine langen, wohlgeformten Ohren, um sich zu überzeugen, dass sie noch an der richtigen Stelle saßen.

Der Osterhase indessen wollte so schnell wie möglich die Angelegenheit geklärt haben. Er nahm sein IPhone in die Pfote und wählte die Nummer der Hasen-SOKO. Diese nahm sofort ihre Ermittlungen auf. Als Chef im Hasenland ließ der Osterhase auch seine Verbindungen mit der Menschenwelt spielen. Das erleichterte der SOKO die Arbeit, sie musste nicht lange recherchieren bis sich alles aufgeklärt hatte. Lachend übermittelten die Kriminalisten dem Osterhasen ihr Ergebnis:

*„Was die Menschen essen, sind keine echten Hasenohren, sondern in Butterschmalz gebackene Nudeln, die lediglich den Namen „Hasenohren" tragen, weil sie so ähnlich aussehen."*- Eine schnelle Lösung dieses Kriminalfalls.

Dem Osterhasen fielen Steine vom Herzen. Er legte sein IPhone beiseite und bedankte sich sehr bei der Hasenpolizei. Anschließend rief er Schnurz, der immer noch zitternd hinter der jungen Birke saß. Wie froh war Schnurz bei dieser Nachricht. Er hüpfte und tanzte und warf seine langen Ohren von hinten nach vorn und von vorne nach hinten.

Obwohl der Osterhase wirklich sehr viel zu tun hatte, ließ es ihm keine Ruhe, bis er das Rezept für die „Hasenohren" besorgt und sein Koch ihm diese Köstlichkeit zubereitet hatte. Die in Butterschmalz gebackenen „Hasenohren" schmeckten ihm wirklich vorzüglich.

Schnurz durfte natürlich auch probieren.

Seitdem gibt es jedes Jahr zum Ostersonntag, wenn der ganze Osterstress vorbei ist, gebackene „Hasenohren" im

Hasenland. Dazu serviert der Koch frische Kräuter und „Hasentrunk".
Vom „Hasentrunk" gibt es leider kein Rezept.

## Köstliche Hasenohren
### („Hasenöhrl")
*Gibt es erst, wenn alle Nester gefüllt sind!!!*

---

| | |
|---|---|
| 500g Mehl<br>Prise Backpulver<br>Prise Salz<br>abgeriebene Schale einer Bio-Zitrone | vermengen |
| 50g Butter in Pfanne leicht bräunen,<br>abkühlen lassen | zugeben |
| 50 ml kaltes Wasser<br>1 Ei<br>6 Essl. saure Sahne | zugeben |

- ○ Glatten Teig herstellen (Rührgerät).
- ○ In Folie packen. Im Kühlschrank
  15 Minuten. ruhen lassen.
- ○ Teig in 20 Stücke teilen.
- ○ Messerdick ausrollen.
- ○ Mit Teigrad zuschneiden.
- ○ Ausbacken in Butterschmalz
- ○ (goldbraun. ca. 4 Minuten)
- ○ Servieren mit herzhaftem Salat oder Sauerkraut

ODER
Süß mit Zimt und Zucker

# Die Eierfarben

Den Osterhasen quälten Sorgen. Große Sorgen. Ostern stand kurz bevor, und er hatte Schwierigkeiten mit der Produktion.

Nicht, was die Eier betraf. Hier hatte er längst die Initiative ergriffen und sich einen eigenen Hühnerstall zugelegt. Denn dass Hasen Eier legen, ist ja nur ein Märchen. Seine Hennen legten die Eier in makellosem Weiß. Außerdem rochen diese Eier nicht nach Fischmehl, sondern nach würzigen Kräutern. Nein, daraus ergaben sich die Schwierigkeiten nicht.

Aber seit Jahren schon bestanden Engpässe bei den Eierfarben: er bekam nicht genügend Nachschub. Und heuer streikten zusätzlich die Chemiearbeiter. So sehr sich der Osterhase auch bemühte, welche Argumente er zugunsten der Kinder auch anführte, er stieß auf taube Ohren.

Sollte er weiße Eier in die Nester legen? Das wäre doch total langweilig.

Eine Möglichkeit gäbe es schon, aber heute, war das Wort von der Umweltzerstörung in aller Munde. Wie sollte er da das strahlende Blau des Frühlingshimmels, das erste zarte Grün der Wiesen, das leuchtende Rot der Tulpen und das glänzende Gelb der blühenden Weidenkätzchen zum Eierfärben verwenden? Nein, niemals durfte er sich an der Natur vergreifen.

Der Osterhase wollte nicht nur reden, er wollte auch verhindern.

An diesem Punkt seines Denkens angelangt, ließ der Osterhase traurig seine langen Löffel hängen. Sie waren sozusagen heruntergeklappt, ein Zeichen von Resignation.

In diesem Augenblick sah er etwas Rotes aufleuchten und mit einem Mal fielen alle Probleme in sich zusammen. So einfach war das. Eines der Hasenkinder bemalte sein weißes Ei mit dem Rot der Liebe. Das war es! Die Liebe konnte man nicht wegnehmen. Im Gegenteil – sie wurde mehr, wenn man sie verschenkte.

„Wenn ihr nicht werdet wie die Kinder…", diese Worte fielen dem Osterhasen ein. Auf das Nächstliegende war er nicht gekommen.

Derr Osterhase machte vor Freude einen Zickzack-Sprung, so wie andere Hasen auch. Als er sah, wie ein junger Hase grinste, war ihm dies aber doch etwas peinlich.

Am nächsten Morgen wurden die Arbeiten wieder voll aufgenommen. Denn trotz aller Lieblosigkeit gab es immer noch genügend Rot der Liebe. Auch mit dem Blau der

Treue brauchten die Hasen nicht zu sparen. Mit dem Gelb der Freude gingen sie annähernd verschwenderisch um.

Nur das GRÜN DER HOFFNUNG konnte der Osterhase lange nicht finden. Aber das ist eine andere Geschichte.

Der Ostermorgen erstrahlte in blendendem Sonnenschein. Es roch nach Frühling, ein lauer Wind trug den Duft von Flieder mit sich. In diesen Stunden schufteten die Hasen noch im Akkord. Körbe und Nester füllten sie mit roten, blauen und gelben Eiern. Dabei hatten sie großen Spaß.

So wurden Liebe, Treue und Freude wieder aufs Neue in der Welt verteilt, nachdem viele Menschen diese Eigenschaften schon lange vermisst hatten.

Habt ihr es gesucht und gefunden, das rote Ei der Liebe, das blaue Ei der Treue und das gelbe Ei der Freude?

Ich wünsche es euch.

# Sechs extra zarte Lammkoteletts

Damals war ich eine junge Frau, die im Führen eines Haushalts noch nicht sehr versiert war. Zu Ostern hatte sich Besuch angesagt, liebe Freunde, und es lag mir am Herzen, ihnen den Aufenthalt so angenehm wie möglich zu gestalten. Dabei ging es auch um das Mittagessen. Wir überlegten, ob wir dazu in ein Lokal gehen würden oder ob ich zu Hause ein leckeres Menü auf den Tisch bringen sollte. Ich dachte dabei an zarte Lammkoteletts natur mit grünen Bohnen und kam zu dem Schluss, dass ich es doch selbst versuchen möchte.

Mein kleiner Sohn hatte sich mit einem Nachbarjungen angefreundet, der sich stets in Begleitung eines gutmütigen Cockerspaniels befand. Mir war es sehr angenehm, dass mein Sohn gute Spielkameraden gefunden hatte. DAS HUNDI, wie mein Sohn den Spaniel liebevoll nannte (in Wirklichkeit trug er den stolzen Namen „Prinz") bekam manchen Leckerbissen bei uns ab, vor allem natürlich die Knochen, die vom Essen übrig blieben.

Eifrig ging ich in Begleitung meines Sohnes daran, die Lammkoteletts samt Zutaten einzukaufen. Das Menü hatte ich mir so gedacht: eine klare Brühe mit Ei und frischen Kräutern, dann die Lammkoteletts natur mit grünen Bohnen und Wildreis, zum Nachtisch Vanille-Eis mit heißen Himbeeren. Dazu natürlich ein gutes Glas Wein und – wenn gewünscht – zuletzt noch einen kräftigen Espresso.

Als ich die Lammkoteletts erstand (sie hatten ihren Pries), bemerkte mein Sohn, dass da viele Knochen dran seien. Ob die auch wieder DAS HUNDI bekommen würde. Selbstverständlich bejahte ich und mein Sohn war zufrieden.

Am Ostersonntag hatte ich viel zu tun. Die Osternester sollten im Wohnzimmer versteckt werden, denn leider regnete es draußen in Strömen. Das Essen war vorzubereiten, der Tisch zu decken, und was sonst noch alles zu diesem Tag und Besuch gehörte.

In aller Frühe war der Nachbarjunge mit dem HUNDI gekommen. Es bedurfte einiger Anstrengung, die Kinder samt Hund in Schach zu halten, damit nicht noch Unordnung entstand oder vielleicht Schmutz in die frisch geputzte Wohnung getragen würde.

Die grünen Bohnen hatte ich bereits am Tag zuvor gekocht, auch den Reis. Ich nahm die Koteletts aus der Marinade und legte sie auf ein Sieb zum Abtropfen.

Als nun unsere Freunde kamen, befand ich mich in freudiger Hektik, fand aber noch Zeit für eine angeregte Unterhaltung, weil auch das Essen soweit vorbereitet war. Da ich für jeden eine kleine Osterüberraschung versteckt hatte, begann ein eifriges, lustiges Suchen. Ein Versteck hatte ich so gut gewählt, dass das darin befindliche Nest erst nach einer geraumen Weile gefunden wurde. Den meisten Spaß hatten natürlich die Kinder. Selbst für DAS HUNDI war ein Stückchen Wurst versteckt, denn das hätten wir ganz bestimmt nicht vergessen dürfen.

Anschließend begab ich mich in die Küche, um das Ostermenü zu vollenden, zarte Lammkoteletts mit grünen Bohnen. Aber wie soll ich mein Entsetzen beschreiben, als ich keine Lammkoteletts mehr sah? Sie waren einfach weg, das Gitter leer, auf das ich sie zum Abtropfen gelegt hatte. Auch sonst konnte ich sie nirgends entdecken, so sehr ich meine Augen anstrengte.

Ich stand starr vor Schreck, konnte mir die Sache nicht erklären, wagte aber auch nicht zu fragen, denn irgendwie zweifelte ich an meinem Wirklichkeitssinn.

Da fielen meine Augen auf den Fressnapf des HUNDI. Und was sah ich? Reste von sechs zarten Lammkoteletts. Ich war ganz einfach sprachlos und konnte die Tatsache nicht fassen. Noch nie hatte DAS HUNDI was gestohlen, sich immer tadellos betragen.

Ich rief meinen Sohn, der mit unschuldigen Augen erklärte, er hätte dem HUNDI die Knochen schon gegeben.

Was sollte ich darauf erwidern? Ich war ratlos, rief alle Hungrigen in die Küche und schilderte die Situation. Zuerst waren sie ein wenig erstaunt, doch dann amüsierten sie sich köstlich. Was für ein Osterspaß.

DAS HUNDI stand schwanzwedelnd dabei und hoffte vermutlich auf weitere Leckerbissen.

Wie sind wir dann zu unserem Ostermenü gekommen?

Ganz in der Nähe befand sich ein griechisches Lokal. Dahin gingen wir und aßen zarte Lammkoteletts mit grünen Bohnen.

# Das Grün der Hoffnung

Trotz intensivster Bemühungen konnte der Osterhase keine Farben für seine Ostereier auftreiben, eine heikle Situation.

Aber der Osterhase in seiner Pfiffigkeit hatte dann doch noch eine wunderbare Alternative gefunden: er färbte die Eier mit dem Rot der Liebe, dem Blau der Treue und dem Gelb der Freude.

Nur das Grün der Hoffnung fehlte ihm, er konnte es nirgends finden. Gerade grün wollte er heuer die Eier färben, da sich eine bestimmte Hoffnungslosigkeit in verschiedenen Bereichen ausgebreitet hatte. Und überhaupt – Grün passte zur Jahreszeit; von seinem braunen Fell hatte er momentan genug. Er überlegte sogar, ob er nicht ein Büschel Haare entlang seiner Ohren orange einfärben sollte.

Der Osterhase machte sich auf die Suche nach dem Grün der Hoffnung. Er suchte im Wald und auf der Wiese, in den kleinen Dörfern und großen Städten, ja sogar im Wasser sah er nach, obwohl dies wirklich nicht sein Element war. Dort allerdings fand er nur ein paar Fische, die durch den Genuss von Industrieabfällen ziemlich kränkelten. Der Osterhase sah um jede Ecke, stöberte in allen Winkeln, nicht einmal die Müllplätze ließ er aus, wenngleich er wirklich nicht erwarten konnte, dort das Grün der Hoffnung zu finden. Er überanstrengte seine Augen, sprang sozusagen im Dreieck. Alle Mühe schien vergeblich.

Nun führte ihn sein Weg in viele fremde Länder, nach Nord und Süd, nach Ost und West. Fast überall gab es Unterdrückung und Elend oder sogar Krieg. Als er die Ukraine durchquerte, stockte ihm sein Herz. Hier gab es keine Hoffnung. Hier gab es Tschernobyl... Müde lehnte er sich an einen Rest Mauer und starrte resigniert auf einen Atommeiler, der so grau aussah, wie früher die „Berliner Mauer". Doch er suchte weiter.

Fast ganz Nordafrika war in Aufruhr, und der Westen kämpfte mit der Wirtschaftskrise. Auf vielen Umwegen kam er schließlich nach Japan. Dort hatten Erdbeben und Tsunami Gegenden verwüstet und Menschen heimatlos gemacht. Auch dorthin wagte sich der Osterhase, darum sollte auch keiner sagen, er hätte ein „Hasenherz".

Aber der Osterhase hatte genug gesucht, er konnte nicht mehr. Die ganze Sinnlosigkeit seiner Unternehmung ging ihm durch den Kopf – anscheinend war alles erfolglos. Aber durfte er aufgeben? Die vielen Kinder enttäuschen? Die Erwachsenen, die dringend eine Ermutigung brauchten?

Letztendlich reiste der Osterhase doch wieder weiter. So kam er auch nach Israel und Jerusalem, wo sich unzählige Menschen drängten, um das Osterfest zu feiern. Dem Osterhasen wurde es himmelangst bei dem Gewühl. Hier fand er die Hoffnung bestimmt nicht. Er nahm Reißaus und flüchtete bis zum Gaza-Streifen. Dort setzte er sich auf einen Steinhaufen.

„Shalom", sagte die Hoffnung.

„Guten Tag", entgegnete der Osterhase verblüfft. „Hier finde ich dich endlich, wo ich dich am allerwenigsten vermutet hätte.

*Ja, hast du denn keine Angst vor den Terroristen?"*

„*Nein*", erwiderte die Hoffnung. „*Ich habe Zuversicht. Außerdem wird Hoffnung hier ganz besonders gebraucht.*"

„*Konntest du denn nicht bei uns bleiben?*" meinte der Osterhase verunsichert, „*in einem christlichen Land mit Demokratie und westlicher Kultur?*"

Die Hoffnung schüttelte traurig ihren Kopf.

„*Wo ich auch hinkam, fast niemand glaubte mehr an mich, trotz der „Grünen". Ich muss auf mich achten, denn meine Bestimmung ist es, niemals zu sterben.*"

Der Osterhase sagte lange Zeit nichts, dann meinte er gedankenschwer:

„*Auch bei uns kann keiner ohne dich leben. Die Menschen brauchen dich überall auf der Welt.*"

Die Hoffnung dachte eine Weile nach und kam zu dem Schluss, dass der Osterhase recht hatte. Auch wollte sie ihn nicht enttäuschen, weil er so lange und gefährliche Wege gegangen war, um sie zu finden.

Endlich sagte sie: *"Ich will mit dir kommen und beim Eierfärben helfen."*

Vor Erleichterung tat der Osterhase einen tiefen Seufzer. Sein Schnurrbart stand stramm, seine linke Vorderpfote hörte auf zu zucken. Außerdem beschloss er, nach dem Osterstress die Idee mit den orangen Haarbüscheln an seinen langen Löffeln in die Tat umzusetzen.

Bevor sie sich auf die Rückreise machten, sandte die Hoffnung ihre Gedanken in die ganze Welt: in die Hungergebiete und Unruheherde, dorthin wo Angst und Unterdrückung herrschen oder seelische Schmerzen die Menschen hilflos machen. Als überall wieder ein kleiner Hoffnungsschimmer leuchtete, reiste sie mit dem Osterhasen ins Hasenland.

Dort herrschte Chaos, denn die Karwoche war bereits angebrochen und kein Hase wusste, wo der Osterhase abgeblieben war.

Jetzt zeigte die Hoffnung ihre ganze Kraft und Ausdauer: sie arbeitete und färbte und verbreitete Hoffnung und wuchs buchstäblich über sich selbst hinaus. Wenn die Hasen abends längst ihre müden Pfoten von sich streckten, konnten sie die Hoffnung immer noch bei der Arbeit sehen. Mit ihrer Hilfe glänzte dann auch das letzte Ei in leuchtendem Grün.

Am Ostersonntag schien strahlend die Sonne. Versteckt hinter blühenden Bäumen und Sträuchern, zwischen Märzenbechern und Tulpen, lugte manches bunte Osterei hervor.

Schaut hinter die Büsche im Garten oder die Blumenstöcke am Fensterbrett oder in irgendein anderes Versteck – da ist es zu finden,

das GRÜNE EI DER HOFFNUNG.

41

# Schnee-Chaos

Eine Woche vor Ostern fing es an zu schneien, es wollte gar nicht mehr aufhören. In dicken, weißen Flocken fiel der Schnee vom Himmel. Er bedeckte die Frühlingswiese, die Felder und die Hausdächer der Dörfer. Schneeräumfahrzeuge wurden nochmals aus den Garagen geholt, Gehsteige mussten wieder geräumt werden. Die Vögel stellten sogar ihr Singen ein, denn es war außerdem bitter kalt geworden.

Mit vor Sorgen gefurchter Stirn stand der Osterhase unter einer hohen Fichte und starrte auf die weiße Pracht. Ab und an wischte er sich etwas Schnee von der Nase, der von den Ästen heruntergefallen war.

Wie bitte sollten seine Hasen am Ostersonntag die Eier und Süßigkeiten in die Dörfer transportieren und in die Nester legen, bei diesen Schneemassen? Wo wohl würden die Kinder ihre Nester postieren, wenn jeder Baum und Busch von tiefem Schnee umgeben war? Ob die Verstecke überhaupt zu finden wären?

Gedankenverloren zwirbelte der Osterhase die Enden seines Schnurrbartes auf. Als es endlich aufgehört hatte zu schneien, wagte sich die Sonne wieder hervor. Der Himmel hatte ein tadelloses Make-up in strahlendem Hellblau aufgetragen. Ein paar kleine, weiße Wölkchen hingen daran wie Wattekugeln beim Schminktisch.

„Das hilft mir auch nicht weiter", sagte der Osterhase zu sich selbst. Dieses Jahr war endlich einmal – durch positive administrative Prozesse – die End-produktion der Osterhasengeschenke reibungslos von statten gegangen. Und nun das! Schnee-Chaos! Die Auslieferung gefährdet! Es war zum Schnurrbartraufen!

Drüben am Waldrand lebten in einer Hütte drei Schafe, ein weißes, ein braunes und ein dunkelgraues. Die Hütte war bis zu den Fensterluken eingeschneit. Dahin fiel der Blick des Osterhasen. Und dabei kam ihm eine zündende Idee. Schafe hatten längere Beine als Hasen. Wäre es nicht möglich, dass…?

Gedacht – getan. Der Osterhase stapfte durch den tiefen Schnee – es war ziemlich beschwerlich – und besuchte seine Nachbarn, die Schafe. Sie kannten die Aufgabe des Osterhasen, das mit den bemalten Eiern und so, denn dass Schafe dumm sind, stimmt nicht wirklich, das hat nur Herr Brehm so gesagt.

Der Osterhase fragte die Drei, ob sie sich eventuell vorstellen könnten, am Ostersonntag die Osternester in den Dörfern zu füllen. Es würde auch für die Schafe mühsam sein, aber zumindest möglich. Das wäre doch „das Ei des Kolumbus"!

Die drei Schafe berieten sich ausführlich untereinander. Es war eine große Verantwortung, die sie mit dieser Aufgabe übernehmen sollten. Ob sie dem gewachsen sein würden? Sie hatten keinerlei Erfahrung damit, während die Hasen über die vielen Jahre eine bestimmte Routine entwickelt hatten.

Letztendlich kamen die Schafe zu dem Schluss, dass sie in Anbetracht der Wichtigkeit des Projektes die Auslieferung übernehmen würden. Es gab da noch einen persönlichen Aspekt: im Winter, bei Schnee, verbrachten die Schafe die meiste Zeit in ihrer Hütte, wovon sie ein wenig bequem wurden und ein paar Kilo mehr auf die Waage brachten. Bei der Zuteilung der Ostergeschenke könnten sie sich einmal richtig auspowern.

So kam es, dass ein weißes, ein braunes und ein dunkelgraues Schaf im Hasenland einen Schnellkurs im Ostereiertragen absolvierten. Mancher Mümmelmann zeigte seine Fertigkeit und gab Anweisung, wie man am besten Ei-Bruch vermeidet.

Aber es gab Schwierigkeiten ganz anderer Art. Während die Langohren auf den Hinterbeinen gingen und am Rücken eine Kiepe mit den Eiern trugen, war das den Schafen nicht möglich. Oder hat schon einmal jemand ein Schaf auf zwei Beinen gehen sehen? In aller Schnelligkeit mussten andere Körbe konstruiert werden, die sich auf dem Rücken der Schafe befestigen ließen. Wie gut, dass der Einkauf für solche Fälle vorgesorgt hatte und genügend Material zur Verfügung stand.

Das Design allerdings war nicht sehr ansprechend. Ein junger Hase bemerkte deshalb etwas überheblich: *„Hier gibt es aber noch Verbesserungspotential."* Das brachte ihm eine Rüge des Osterhasen ein. *„Sei still, sonst ziehe ich dir das Fell über die Ohren"*, wies ihn der Osterhase zurecht, der froh war, in der Kürze der Zeit überhaupt noch eine Möglichkeit gefunden zu haben, wie man Schafen einen Korb auf den Rücken binden kann.

Den drei Schafen schwirrte der Kopf bei der Einarbeitung in die Materie mit all den Weisungen und Informationen. Auch hätten sie nicht gedacht, dass ein Korb voll Eier und Süßigkeiten so schwer sein könnte. Jetzt erst wurde ihnen bewusst, welch große Leistung die Hasen in jedem Jahr vollbrachten. Nun, heuer waren sie am Zug. Der Ostersonntag war gekommen. Schwer bepackt verließen die Schafe mit

Herzklopfen die Auslieferungshalle, bestückt mit Aufstellungen, wo sie all die Geschenke abliefern sollten. Es war eine logistische Spitzenleistung.

Mühselig stapften die Schafe durch den Schnee und kämpften sich bis in die Dörfer vor. Dort hatten die Kinder natürlich Bedenken, ob und wie der Osterhase bei dem Schnee-Chaos ihre Körbchen füllen sollte, die sie in Blumenkästen am Fenster oder vor der Haustür abgestellt hatten. Aber der Osterhase alias die Schafe fanden und füllten jedes Nest.

Darum sollte niemand mehr sagen: „Du dummes Schaf."

Nach getaner Arbeit erreichten das weiße, das braune und das dunkelgraue Schaf völlig erschöpft, aber stolz das Hasenland. Dort wurden sie mit großem Jubel empfangen. Weiche Lager aus Heu standen bereit, wo sie ihre müden Beine ausruhen lassen konnten. Zudem ließ der Osterhase aus seiner Speisekammer leckere Gerichte servieren, so dass die fleißigen Schafe bald wieder zu Kräften kamen.

Das Beste: Für ihre außergewöhnlichen Leistungen erhielten die drei Schafe vom Osterhasen persönlich einen Orden:

das GROSSE OSTERVERDIENST-KREUZ des Hasenlandes.

# Der stolze Gockel Kasimir

Es war einmal ein Gockelhahn, der lebte auf einem Bauernhof neben der Dorfkirche mit dem hohen, spitzen Turm. Er hieß Kasimir und war sehr stolz auf sein buntes Federkleid. Zu Recht, denn weit und breit gab es keinen Gockel, der sich mit ihm an Farbenpracht messen konnte.

Seine weißen und braunen Hennen verehrten ihn sehr. Morgens in aller Frühe flatterte er auf den Misthaufen und ließ laut und vernehmlich sein „Kikeriki" ertönen.

Gerade war Osterzeit, und die Hennen stellten einen Rekord im Eierlegen auf. Die weißen Hennen legten weiße Eier, die braunen Hennen braune Eier, und ein Ei war schöner als das andere, denn Kasimir spornte die Hennen an, ihr Bestes zu geben.

Oben auf der Spitze des Kirchturms aber lebte Kasimirs Rivale mit dem vergoldeten Federkleid. Auf ihn war Kasimir sehr eifersüchtig, vor allem, wenn er seine Hennen beobachtete, wie sie manchmal ganz verstohlen einen bewundernden Blick auf die Kirchturmspitze warfen. Seine schneeweiße Lieblingshenne Petunia riskierte sogar nicht nur verstohlene Blicke, nein, sie stand oft wie gedankenverloren still und himmelte den vergoldeten Kirchturmgockel richtiggehend an. Das konnte Kasimir nicht ertragen. Wütend scharrte er dann im Boden, dass die Erdklumpen nur so flogen, und fraß vor Ärger die herausgekratzten Würmer selber auf, die eigentlich seinen Hennen zugedacht waren. Beruhigen konnte er sich erst wieder, wenn Petunia am Abend im Hühnerhaus brav neben ihm auf der Stange saß.

Als Kasimir wieder einmal mit ansehen musste, wie Petunia ihm den Rücken zukehrte, aber dem Kirchturmgockel laut gackernd mitteilte, dass sie ein besonders schönes Ei gelegt habe, wurde ihm die Sache zu dumm. Er beschloss, seinen Gegner zu verjagen.

Heimlich schlich er sich davon. Seinen Hennen fiel das nicht weiter auf, denn sie hatten gerade einen Großauftrag vom Osterhasen erhalten und waren mit Eierlegen vollauf beschäftigt.

Kasimir spazierte durch das offene Kirchentor und fand als Zufluchtsort eine Altarnische. Dort wartete er, bis der Mesner die Tür zum Glockenturm öffnete. Schnell nahm Kasimir diese Gelegenheit wahr, flatterte geräuschlos hindurch und versteckte sich hinter der Treppe zum Turm.

Als der Mesner die Tür wieder geschlossen hatte, begab sich Kasimir an den Aufstieg zur Kirchturmspitze.

Das war ein mühseliges Unterfangen. Kasimir sprang und flatterte von Stufe zu Stufe, immer höher. Er wurde schwindelig und müde, und mit der Zeit bekam er es mit der Angst zu tun, denn die Treppe wollte kein Ende nehmen. Kasimir schnaufte und keuchte und schauderte, aber umkehren wollte er auch nicht. Endlich war er bei den riesigen Glocken angekommen, die von unten so klein aussahen.

Gerade in diesem Moment fingen die Glocken an zu läuten. Wie vom Donner gerührt schrak Kasimir zusammen und wäre beinahe die Treppe wieder hinuntergefallen, so ohrenbetäubend hörte sich dieser Lärm an. Wie ein Häuflein Elend stand er immer noch da, als die Glocken längst wieder ruhten. Sein ganzer Stolz war dahin.

Doch dann packte Kasimir der Ehrgeiz. Mit letzter Anstrengung erklomm er noch ein Treppchen und schaute durch eine Luke auf die Kirchturmspitze. Tatsächlich, da saß er, sein Gegner, vergoldet und sehr groß. Kasimir zuckte zusammen und wusste nicht, was er sagen sollte. Doch nun war er schon einmal da.

*„Kikeriki"*, krähte er unsicher, *„was machst du da oben?"* der Vergoldete gab keine Antwort.

*„Kikeriki, wo hast du deinen Hühnerhof?"* Kasimir hörte keine Entgegnung.

*„Kikeriki, willst du mit mir kämpfen?"* Alles blieb still. Kasimir zuckte ratlos seine Flügel und zog sich zurück.

Nun wusste er nicht, was er von dem sprachlosen Gockel halten sollte. Eine Weile dachte er angestrengt nach. Dann fiel ihm die Lösung ein: ja, das war es, so musste es sein - NUR EIN DENKMAL WAR DIESER GOCKEL. NUR EIN LEBLOSES DENKMAL.

Daraufhin machte sich Kasimir eilig auf den Rückweg. Als er die vielen, vielen Stufen wieder hinuntergehüpft und geflattert war, konnte er vor Erschöpfung kaum noch stehen. Außerdem hatte er großen Hunger und noch größeren Durst. Entsetzt stellte er fest, dass er den Raum nicht verlassen konnte, denn die Türe war zu. Wie gut, dass sich ein Fass Weihwasser in dem kleinen Raum befand. So konnte er wenigstens trinken. Dann brach die Nacht herein.

Als der Mesner am nächsten Morgen die Türe zum Glockenturm öffnete, staunte er nicht schlecht. Heraus flatterte Kasimir, durchquerte die Kirche und begab sich flugs zum Hühnerhof. Petunia und die anderen Hennen hatten ihn schon sehr vermisst und gackerten freudig aufgeregt.

Kasimir würdigte sie keines Blickes. Mit hocherhobenem Kamm und geschwellter Brust stolzierte er überall herum und krähte immerzu:

„KIKERIKI, *er ist nur ein Abbild,* KIKERIKI, *ein Abbild von* MIR."

Alle Hühner scharten sich daraufhin um Kasimir und bewunderten ihn gebührend. Sprachlos vor Ehrfurcht vergaßen sie sogar zu gackern. Petunia schwor, nie mehr einen anderen Gockel anzuschauen. Und Kasimir sonnte sich in diesem Glanz.

Kasimirs Ausflug auf den Kirchturm zum Kampf mit dem vergoldeten Gockel verbreitete sich schnell im ganzen Dorf. Er wurde bestaunt wie ein Weltumsegler. Was war er doch für ein Held! Und so schön, dass ihm sogar ein Denkmal errichtet wurde. Noch seine Kinder und Kindeskinder würden davon reden. Mit Sicherheit.

Den vergoldeten Kirchturmgockel aber würdigte Kasimir keines Blickes mehr solange er lebte.

# Zerline und Ferdinand

Es war einmal eine junge, hübsche Stallhäsin mit Namen Zerline. Sie lebte auf einem schmucken, freundlichen Bauernhof nahe bei einem Wald. Zerline hatte ein schneeweißes Fell, das vom vielen Streicheln seidig glänzte, denn die Kinder mochten sie sehr gerne, weil sie so sanft war. Nur am linken Ohr hatte Zerline ein kleines, schwarzes Fleckchen, was sogar ein wenig erotisch aussah.

Nun war gerade in dieser Zeit das Osterfest nahe. Der Osterhase scharte seine Mitarbeiter um sich und teilte sie in verschiedene Arbeitsgruppen auf. Ein Team musste die besten Plätze zum Verstecken der Nester auskundschaften, die am Ostersonntag die Kinder erfreuen sollten.

In diesem Team befand sich auch der Junghase Ferdinand, mit dunklem Fell und silbergrauen Vorderpfoten. Er war sehr eifrig bei der Sache und leistete dem Osterhasen gute Dienste, weil er die besten Verstecke hinter Büschen und Bäumen suchte und außerdem sehr verschwiegen war. Der Osterhase konnte froh sein, einen so tüchtigen Angestellten zu haben.

Bis Ferdinand Zerline sah! Er kam gerade auf dem Bauernhof an und machte eifrig Notizen in seinen Planskizzen. Da sah er plötzlich etwas Weißes leuchten. Der Anblick Zerlines faszinierte ihn, und beinahe hätte er vor Überraschung seinen Bleistift fallen gelassen. Zerline sah aber auch allerliebst aus, wie sie zwischen dem jungen Grün hoppelte und ihr Näschen kraus zog.

Ferdinand vergaß seine Aufgabe, die Verstecke, ja, sogar das Osterfest. Kurzum, er hatte sich blindlings in Zerline verliebt. Er konnte nicht anders, musste sie kennenlernen und sprach sie an: *„Guten Tag, ich heiße Ferdinand und möchte gerne deine Bekanntschaft machen."* Zerline sagte nicht nein, war Ferdinand doch ein außerordentlich stattlicher Bursche. Sie gab ihm artig die Pfote und lächelte ihn an. Später saßen sie zusammen im Gras und flirteten miteinander. Hier und dort knabberten sie ein Blättchen, ohne sich aus den Augen zu lassen.

Ja, Gott Amor hatte auch Zerline tief ins Herz getroffen.

Als es Abend wurde, musste Ferdinand sich verabschieden und versprach, am nächsten Tag wiederzukommen.

Der Osterhase war nicht erfreut über den verliebten, zerstreuten Ferdinand, mit dem er kein vernünftiges Wort mehr sprechen konnte. Die Skizzen über gute Verstecke konnte er an diesem Tag vergessen. Alle Vorhaltungen und Bitten halfen nichts; Ferdinand war für diese Saison nicht mehr zu gebrauchen.

Am nächsten Morgen hoppelte Ferdinand eilig wieder zum Bauernhof, traf dort Zerline und küsste das schwarze Fleckchen hinter ihrem Ohr. Dann vergaßen sie alles um sich herum.

Nun wollte Ferdinand aber ständig mit Zerline zusammen sein. Deshalb fragte er sie, ob sie mitkommen und mit ihm im Hasenland leben möchte. Zerline war noch nie von ihrem Bauernhof fortgekommen, gerade noch bis zum Ende der Obstbäume. Aber sie liebte Ferdinand wirklich, deshalb entschloss sie sich, ihm in den großen, weiten Wald zu folgen.

Allerdings war dieser Entschluss für Zerline nicht ungefährlich. Beinahe hätte sie ein Auto überfahren, als sie die verkehrsreiche Landstraße überhoppelte. Auf dem freien Feld sah Ferdinand mit Entsetzen, wie ein großer Raubvogel näher flog. Für Zerline war dies alles fremd, und nur mit Mühe konnten sich die beiden in ein dichtes Gebüsch retten. Auch wurde Zerline langsam müde, denn der Weg in den großen, weiten Wald strengte sie sehr an. Vollkommen erschöpft erreichte sie mit Ferdinand das Hasenland.

Erstaunt bemerkte Zerline die vielen Hasen, die Eier färbten und andere Oster-vorbereitungen trafen. Hier gab es nicht so viel Muße wie auf ihrem Bauernhof.

Für Ferdinand und Zerline brach nun eine wundervolle Zeit an. Täglich waren sie zusammen und konnten nicht genug voneinander bekommen. Sie hoppelten am nahen Bach entlang, hielten sich an den Pfoten und sahen sich an. Zwischendurch küsste Ferdinand immer wieder die erotische, kleine, schwarze Stelle an Zerlines linkem Ohr. Sie waren wirklich ein hübsches Liebespaar, die zarte Zerline und der fesche Ferdinand.

Eines Tages jedoch bekam Zerline Heimweh, ganz schreckliches Heimweh. Sie sehnte sich nach ihrem Bauernhof, nach dem Leben ohne die Hektik des Hasenlandes mit seinen Ostervorbereitungen. Sie sehnte sich nach ihrer Hasenfamilie, die sie so lange nicht mehr gesehen hatte. Die Kinder des Bauern würden Zerline sicher längst gesucht haben. Gegen Heimweh ist kein Blatt gewachsen.

Schließlich brachte Ferdinand Zerline zurück in ihre Heimat. Wie glücklich war sie auf der Frühlingswiese mit den vielen Blumen, und ihr Hasenstall roch so gut nach frischem Heu. Allerdings konnte Ferdinand nicht bei ihr bleiben, diese Tatsache brach ihr fast das Herz. Auch Ferdinand konnte die Trennung von Zerline kaum ertragen, und er sann auf Abhilfe.

Schließlich kamen sie überein, dass Ferdinand seine Zerline jeden zweiten Tag auf dem Bauernhof besuchen sollte. So konnten sie sich immer wieder aufeinander freuen. Das war wirklich eine gute Lösung.

Zerline sprang Ferdinand entgegen, wenn er sie besuchen kam. Dann war alles Glück und Sonnenschein, auch bei Regen. Und nie vergaß Ferdinand, beim Abschied die kleine, schwarze Stelle an Zerlines linkem Ohr zu küssen…

Zerline und Ferdinand waren glücklich
miteinander, so lange ihr Hasenleben
währte.

# Das Gerücht

Im Hasenland herrschte große Aufregung. Ein Gerücht ging um, ein übles Gerücht. Die Hasen standen in kleinen Grüppchen zusammen und rätselten. Doch wie sich das mit einem Gerücht so verhält: es geht zwar herum – aber keiner weiß Genaues.

Der Osterhase wusste natürlich Bescheid, wo der Hase im Pfeffer lag. Er hatte jedoch Bedenken, die bittere Wahrheit aufzudecken, denn eine ganze Institution würde damit in Frage gestellt. Seit Jahren hörte man es zwar schon munkeln, doch die Tatsache ließ sich nur mit einem Schlag ins Gesicht vergleichen. DIE KINDER GLAUBTEN NICHT MEHR AN DEN OSTERHASEN! Das war ungeheuerlich. Das erschütterte sein Imperium. Die ganze Tradition brach zusammen. Die alten Überlieferungen wurden bedeutungslos. Und außerdem untergrub diese Tatsache seine Autorität.

Wie konnte es nur zum Abfall vom Osterhasenglauben kommen? Der Osterhase ging in sich – er überlegte und prüfte, was er falsch gemacht haben könnte. Hatte er nicht immer sein Möglichstes getan? Er kaufte die besten Schokoladeneier, die feinsten Pralinen, die süßesten Zuckerhasen, und als ihm seine Berater den Trend zu Tennisschlägern und Smartphones unterbreiteten, stieg er sogar in dieses Geschäft ein. Noch dazu hatte seine Firma ein computergesteuertes System: Auf Knopfdruck spuckte die EDV-Anlage zum Beispiel die Anzahl der gewünschten Marzipankugeln aus.

Es musste dringend etwas geschehen. Der Osterhase scharte zur Beratung seine Führungskräfte um sich. *„Ich meine, die Schokolade ist zu weich"*, nörgelte ein Mitarbeiter immer wieder. Nun ja, der sah sowieso hinter jedem Busch einen Hasen.

Ein aufgeregtes Huhn gackerte: *„Lasst euch sagen, es liegt nur an den* Marzipaneiern, *die Farbe ist zu dunkel."* *„Nein, nein"*, sagte eine junge Häsin, *„wir sollten den Smartphones einen Gutschein für eine schicke Hülle beilegen."*

Doch das alles führte sicher nicht zu des Rätsels Lösung. Deshalb kam die Gesprächsrunde überein, die besten Kapazitäten aus Wirtschaft und Forschung sowie einen Psychoanalytiker zu Rate zu ziehen, um der Sache auf den Grund zu gehen. Die Angelegenheit zog sich hin, und Ostern rückte immer näher.

In diesen Tagen erhielt der Osterhase einen Brief. Nanu, keiner kannte doch seine Adresse. Gut, dass die Post so tüchtig war. In dem Schreiben stand in kindlicher Schrift zu lesen: *„Lieber Osterhase, wenn es dich gibt, dann lege uns bunte Hühnereier in unser Nest."*

Der Osterhase wurde stutzig. Hühnereier? Bemalte Hühnereier? Sein Großvater fiel ihm ein, der davon noch erzählte. Früher schien dies Sitte gewesen zu sein. Welcher Rückschritt. Bunte Hühnereier.

HÜHNEREIER? WARUM NICHT! DAS WAR DES RÄTSELS LÖSUNG.

Den Osterhasen überfiel eine unbändige Fröhlichkeit. Das Hasenland musste nicht seine Pforten schließen. Er schickte die Sachverständigen nach Hause. Jetzt war ER am Zug.

Hühner hatte der Osterhase genug. Selbstredend Bodenhaltung mit viel Freilauf und natürlich Biofutter. Mit seinem eigenen Stall finanzierte er sowieso jedes Jahr die gesamte Osteraktion. Die Eiererzeugung wurde nach Kräften gefördert, jeder Fremdverkauf gänzlich eingestellt.

Das Färben der Eier lief auf Hochtouren. Der Osterhase sicherte Prämien und Sonderurlaub zu, wenn hoffentlich bis Sonntag die Produktion abgeschlossen wäre.

In der Tat gaben die Hasen ihr Bestes. Sie kochten und färbten, bemalten und stapelten, dass es nur so eine Freude war. Und alles fast ohne Ausschuss.

Am Ostermorgen war tatsächlich jedes Nest belegt, jeder Korb gefüllt mit nostalgisch bunten Hühnereiern. Die Kinder hatten ihre helle Freude daran.

Das böse Gerücht ging nicht länger um, es hatte sich verflüchtigt.

Umfragen der Meinungsforschungsinstitute ergaben, dass jetzt nicht nur die Kinder, sondern auch die Erwachsenen wieder an den Osterhasen glaubten.

„*Das ist aber wirklich eine Osterüberraschung*", dachte der Osterhase bei sich. Er streckte genüsslich seine linke Vorderpfote, dann fiel er erschöpft in einen tiefen, traumlosen Schlaf.

# Die Osterhäsin
# nimmt eine Auszeit

Eines schönen Frühlingstages, einige Zeit vor Ostern, saß die Osterhäsin vor ihrem Computer und ärgerte sich. Während die Produktionsstätten für die Oster-Überraschungen gut organisiert waren, ging im Office-Center vieles drunter und drüber.

Bestellungen mussten getätigt, Emails beantwortet, Reklamationen abgewickelt werden. Daneben hatte sie noch in jeder Pfote ein Handy. Diese Bimmelei lag ihr schon wochenlang in den Löffeln. Die Osterhäsin musste sich um alles kümmern, weil sich schon wieder einige Angestellte und Azubis krank gemeldet hatten. Bei ihr liefen alle Fäden zusammen. Ihr rauchte der Kopf.

Kürzlich waren wieder anstatt Oster-Geschenkpapier Bögen mit Weihnachts-männern angekommen. So viel Dummheit muss man sich mal vorstellen. Und der Container aus China mit den kleinen Spielzeughasen (auch der Osterhase muss sehen, wo er günstig fertigen lassen kann) war irgendwo im Hamburger Hafen verschütt gegangen.

Kurzum, die Osterhäsin war nicht nur genervt, sie hatte die Nase voll von dem Stress. Deshalb schickte sie ihrem Mann, dem Osterhasen, der irgendwo im Gelände herumlief, eine WhatsApp: *„Ich brauche eine Auszeit."* Dann trollte sie sich in die nahe Stadt.

Was macht ein weibliches Wesen, wenn es Frust hat? Friseurbesuch, genau! Die Osterhäsin ließ sich das leicht ergraute Winterfell in einen schicken Braunton färben, die Barthaare ein klein wenig heller. Und sie ließ sich das Fell etwas kürzen, jetzt, für die wärmere Jahreszeit gestylt, fühlte sie sich gleich besser.

Sie entschloss sich zu einem Schaufenster-Hopping, denn an ihren stressigen Arbeitsplatz wollte sie nicht gleich wieder. Deshalb schlenderte sie von Auslage zu Auslage, sah viele interessante Dinge, aber auch Sachen, auf die man gerne verzichten konnte.

Plötzlich blieb die Osterhäsin verdutzt stehen: in einer Vitrine war ein Ei ausgestellt, ungefähr 25-mal größer als ein Hühnerei. *„Wo gibt`s denn so was?"*, fragte die Osterhäsin laut. Ein dickes, braunes Huhn, das eben vorbeikam, machte sich wichtig und sagte: *„Na, das ist doch ein Straußenei, so was gibt`s in Afrika."*

Obwohl der Standort des Hasenlandes etwas abseits der belebten Gebiete lag – von Afrika hatte die Osterhäsin schon gehört. DAS Huhn wollte sie sehen, das solch riesige Eier legte. In Afrika sollte es ja auch Verwandte geben. Spontan machte sie sich auf zum Flughafen.

Ein wenig Bammel hatte sie schon, hoch oben über den Wolken. Aber höchst interessant war es, weit unten das Hasenland als Miniatur liegen zu sehen. Die Stewardess servierte grünen Salat. Mit Möhren konnte sie nicht dienen. Doch zur Nachspeise gab es Petersilie, einen besonderen Leckerbissen.

Der Flieger landete auf einer Piste mitten in der Savanne Afrikas. Rechts und links des Flugfeldes war verdorrtes Gras und einige niedrige Bäume streckten ihre dornigen Äste in die Höhe. Puh, war das heiß! Hier hatte es sicher schon lange nicht mehr geregnet. Gut, dass die Osterhäsin beim Friseur ihr Fell ein wenig stutzen hatte lassen. Sie sah sich um. Dort drüben graste ein Pferd, das schwarz-weiße Streifen trug. Die Osterhäsin fragte höflich, ob das Pferd wüsste, wo der Savannen-Hase lebte. *„Natürlich"*, meinte dieses *„gleich dort drüben, hinter dem braunen Strauch, wohnt er in einer Erdhöhle."*

Der Savannen-Hase freute sich sehr über den Besuch aus Bayern. Seine zahlreiche Familie scharte sich um den seltenen Gast und wollte alles über das ferne Hasenland wissen. Dann feierten sie ein Willkommensfest, wobei Essen und Trinken nicht zu kurz kamen. Allerdings fand die Osterhäsin in Gedanken, das trockene Gras könnte sie nicht als Köstlichkeit bezeichnen. Dies war wirklich nicht „das Gelbe vom Ei".

Bald war auch die Frage nach dem riesigen Ei gelöst. Der Savannen-Hase begleitete die Osterhäsin zur nächsten Straußen-Familie. Auf dem Weg dorthin mussten die beiden sich aber sehr vorsehen, dass sie nicht einem Raubtier zum Opfer fielen.

Wie staunte die Osterhäsin, als sie den großen Laufvogel Strauß sah, den größten Vogel der Welt. Da konnten ihre Hennen natürlich nicht mithalten. Freundlicherweise verließ Frau Strauß für kurze Zeit ihr großes Nest, um dem Besuch einen Blick auf die vielen Eier zu gewähren, die sie gerade bebrütete. Die Eier lagen in einer breiten, tiefen Nestkuhle am Boden. Sie waren weiß und glänzend. Frau Strauß sagte, sie müsse sich gleich wieder auf die Eier setzen, denn Schakale und Hyänen wären gefährliche Eier-Räuber.

Die Osterhäsin erschrak. Überall lauerte Gefahr, man konnte nie sicher sein. Hier in der Savanne gab es wenig Verstecke, aber Löwen und Geparden, die sogar den großen Vogel Strauß angreifen konnten. Die beiden Hasen bedankten sich höflich bei der Familie Strauß und kehrten zurück hinter den braunen Strauch, in die schützende Erdhöhle.

Zwischenzeitlich hatte die Osterhäsin eine WhatsApp von ihrem Gemahl erhalten, der sich große Sorgen um sie machte, nachdem sie sich länger nicht gemeldet hatte. Sie umpfotete (umarmte) ihre Verwandten herzlich, versprach, im nächsten Jahr wiederzukommen und machte sich auf die Rückreise. Ohne besondere Ereignisse erreichte sie wieder das Hasenland. Der Osterhase und alle anderen Hasen begrüßten sie begeistert. Mit neuer Kraft setzte sie sich an ihren Computer.

Tage später, in der Osterwoche, wurde der Osterhase zum Zollamt bestellt. Die Zollbeamten forderten ihn auf, eine große Kiste auszupacken, die er nicht bestellt hatte. Vorsichtig öffnete er die Verpackung. Alle staunten mit weit offenem Mund, als ein glänzendes, weißes, ausgeblasenes Straußenei zum Vorschein kam.

Fortan war das Straußenei der ganze Stolz des Hasenlandes. Die Osterhäsin aber freute sich diebisch über ihren gelungenen Clou.

# Der Osterhase, gibt`s den?
### (Eine wahre Geschichte)

Die Kinder meines Cousins Josef, Gabriele und Seppi, waren ungefähr sechs und sieben Jahre, also in einem Alter, wo sie bestimmte Dinge anzweifelten, die sie vorher als gegeben betrachtet hatten.

Als nun Ostern nahte, standen sie dem Osterhasen, der angeblich die bunten Eier in die Nester legte, ziemlich skeptisch gegenüber. Natürlich waren die bunten Eier in den Nestern sehr willkommen, sowie auch das, was sich außerdem noch darinnen befand. Aber ob der Osterhase alles hineinlegte, oder wie die Sache sich sonst verhielt – na ja, sie stellten eben Vermutungen an.

Mein Cousin besaß einen Bauernhof. Ganz in der Nähe, hinter dem Friedhof an einem Hang, befand sich eine Weide, auf der in der warmen Jahreszeit Kühe grasten. Ein schöner Platz, ganz dafür geschaffen, Ostereier hinter ein paar Büschen zu verstecken. In diesem Jahr hatte sich das verdorrte Gras schon bald in helles Grün verwandelt. Einige Krokusse spitzten daraus hervor, und die Sträucher hatten an den braunen Zweigen dicke Knospen angesetzt. Es war Frühling geworden.

In der Osterwoche fanden die Kinder meines Cousins des Öfteren vor der Haustüre ein paar kleine, bunte Zuckereier, die der Osterhase angeblich verloren hatte. Darüber lächelten sie ein wenig, was sie aber nicht davon abhielt, die Süßigkeiten aufzuessen, denn was Leckereien anbetraf, waren sie nicht sehr verwöhnt. Einmal fanden sie einen Zettel an der Stubentüre, worauf in fahriger Schrift geschrieben stand:

*„Ihr habt ja noch kein Nest gemacht, sonst hätt` ich euch ein Ei gebracht."*

Ja, was sollte das nun wieder? Wie sollte denn der Osterhase durch die geschlossene Haustüre kommen?

Die Kinder machten ein Nest zurecht, ein Weidenkörbchen mit grünem Ostergras. Sie waren doch etwas neugierig, wie die Sache weitergehen würde. Natürlich schlichen sie dauernd um das Nest herum, um vielleicht etwas zu sehen, was sie eigentlich nicht sehen sollten. Vergeblich.

Am nächsten Morgen, tatsächlich, fanden sie zwei gekochte Eier im Nest, bemalt mit bunten Blumen und einer lachenden Sonne. Ein paar kleine, bunte Zuckereier lagen auch wieder dabei. Neugierig sahen die

Kinder sich um, ob sie vielleicht irgendwo eine Erklärung finden könnten, eine Spur vom Osterhasen in Schränken oder Truhen. Aber nichts.

Der Ostersonntag kam heran. Die Familie besuchte den Oster-Gottesdienst, wobei es den Kindern so vorkam, als würde er diesmal besonders lange dauern. Denn ungeduldig warteten sie, wie sich alles entwickeln würde, nachdem so viele Fragezeichen über der Ostergeschichte standen.

Nach der Kirche, endlich, meinten die Eltern, jetzt könne man zur Weide am Hang gehen und nachsehen, ob der Osterhase dort etwas abgelegt hätte. Die Kinder kicherten. Misstrauisch und etwas zögernd folgten sie den Eltern. Es war ein herrlicher Tag. Die Sonne strahlte vom wolkenlosen Himmel, die Vögel zwitscherten um die Wette, und ein lauer Wind säuselte leise in den Bäumen.

Als die Familie sich der Weide näherte, nahm der Vater die Kinder an seine Hand. Er erzählte ihnen, wie das früher bei ihm an Ostern gewesen war und dass er selbst den Osterhasen, ganz wirklich, neulich getroffen und mit ihm gesprochen hätte. Die Kinder lächelten. Das dürfte nun doch ein wenig übertrieben sein. Dann hätten sie ja auch einmal etwas von ihm sehen müssen, und wenn es nur das Schwänzchen gewesen wäre.

Der Bestimmungsort war erreicht. Weit lag der Hang im Sonnenschein. Die Büsche warfen Schatten ins Gras. Hinter einem Busch leuchtete tatsächlich ein Osternest mit bunten Eiern hervor.

In diesem Moment bewegte sich der Busch ein wenig, und plötzlich sprang ein großer, brauner Hase hervor, schlug einen Haken und sauste davon.

Die Kinder waren sprachlos und sahen mit offenem Mund dem Hasen nach, der es sehr eilig hatte und im nahen Wald verschwand.

Auch die Eltern sagten kein Wort und starrten verblüfft dem Hasen hinterher.

Eine solche Demonstration des Osterhasen hatten auch sie nicht erwartet. Konnte es einen besseren Beweis für seine Existenz geben?

Beide Kinder standen noch eine Weile still und nachdenklich auf der Stelle, bevor sie sich ihre Osternester holten. Und was da alles darinnen lag! Nicht nur Eier und Schokolade, sondern auch noch ein paar wunderbare Spielsachen.

Der Osterhase war doch ein feiner Kerl.

Nach diesem Erlebnis glaubten sie wieder fest an ihn – zumindest für eine Weile.

# Frohe Ostern

### Ostern
Viele alte Kulturen feierten Frühlingsfeste nach dem langen Winter. Eine germanische Göttin hieß „Ostara". Andere Spuren führen in die Himmelsrichtung Osten, wo die Sonne aufgeht. So könnte Ostern auch auf

„aurora" (lateinisch für Morgenröte) zurückgehen.

Ostern ist ein hohes christliches Fest. Am Karfreitag wird der Tod, am Ostersonntag die Auferstehung Christi gefeiert.

Juden begehen an Ostern ihr „Pessach"-Fest, das an den Auszug der Juden aus Ägypten erinnert.

In Ägypten wird an Ostern sowohl das christliche Fest der Kopten als auch (am Ostermontag) das muslimische „Sham el-Nassem" (Frühlingsfest) gefeiert. Dabei ist es Brauch, bemalte Eier und gesalzenen Fisch zu essen, die beide ein Lebenssymbol darstellen.

## Osterhase

Die Kinder stellen ein Körbchen mit Ostergras an bestimmte Plätze im Haus oder im Garten. Am Ostersonntag legt der Osterhase von ihm bemalte Eier in dieses Körbchen. Manchmal legt er auch Süßigkeiten und Spielsachen dazu, „wenn die Kinder brav gewesen sind."

Der Hase ist ein Fruchtbarkeits-Symbol. Die Häsin bringt bereits ab Ostern viele Junge zur Welt.

**Briefe an den Osterhasen**

In 27404 Ostereistedt (Niedersachsen), Am Waldrand 12, befindet sich das „Osterhasen-Büro". Es erhält auch Post aus den USA, aus Australien und sogar von den Osterinseln – pro Jahr um die 59.000 Briefe.

Der berühmteste Einwohner ist „HANNI HASE", der jeden Brief beantwortet und unterstützt wird von Hans Herrmann Dunker (81), dem langjährigen Leiter der Aktion.

**Ostermuseum**

Schon immer wurden die Einwohner Eppelheims (Rhein-Neckar-Kreis) in der Umgebung scherzhaft als „STALLHASEN" bezeichnet.

Folgerichtig hat Prof. Dr. Josef Walch 2009 im „Eppelheimer Wasserturm" das 1. Deutsche Hasen-Museum gegründet.

Früher konnte das Museum besucht werden, leider ist es wegen Brandschutzauflagen zur Zeit geschlossen.

Bisher wurden keine neuen Räumlichkeiten für die vielen Hasen-Exponate gefunden, es wird aber weiter gesucht.

## Ostereier

Eier wurden schon in Babylonien, Ägypten und Persien als Ursprung des Lebens verehrt.

Im Frühling legen Hühner naturgemäß besonders viele Eier, so dass es an Ostern genügend Vorrat gibt.

In Familien, Kindergärten und in der Industrie werden Eier auch ausgeblasen, mit bunten Farben bemalt oder künstlerisch gestaltet. Mancherorts schmücken solch bunte Eier sogar Brunnen oder kleine Bäume.

Es gibt verschiedene Eier-Spiele, z.B. das bayerische „Oa-scheim" (Eier-Schieben):

Im Garten werden zwei Harken (Rechen) mit den Zacken so auf die Erde gestellt, dass die Stiele nebeneinander liegen und sich eine schiefe Ebene ergibt. Zwischen den Stielen lässt man bunte, gekochte Eier hinunterkullern, eins nach dem anderen. Jeder Teilnehmer versucht, das Ei eines anderen Teilnehmers anzuschlagen (in bayrisch „obegga"). Das Ei, dessen Schale unbeschädigt bleibt, hat gewonnen.

**Osterkerze**

Die Osterkerze dürfte heidnischen Ursprungs sein. Das Licht (der Frühling) hat die Finsternis (den Winter) überwunden.

In heutiger Zeit wird in christlichen Kirchen eine große Kerze entzündet. In diesem Fall „hat das Leben den Tod überwunden".

**Osterglocken**

Christentum:

Die Glocken dürfen von Gründonnerstag bis Oster-(Kar-)Samstag nicht läuten, aus Trauer über den Tod Christi. Es heißt, die Glocken würden dann „nach Rom fliegen", und in der Osternacht (von Samstag auf Sonntag) zur Auferstehung Christi wieder zurückkommen.

Es gibt auch eine Blume, die zur Osterzeit blüht, die „gelbe Narzisse", auch „Osterglocke" genannt. In der Mitte der äußeren Blütenblätter befindet sich eine goldgelbe Blüte, ähnlich einer Glocke.

**Osterfeuer**

In früheren Zeiten wollte man mit einem Feuer den Winter vertreiben. Dieser Brauch hat sich bis in die Neuzeit erhalten, wo an Ostern mancherorts große Feuer entzündet werden, meist auf Höhen und Bergen.

## Osterwasser

Auch das Wasser gilt als Ur-Symbol des Lebens. Ohne Wasser ist Leben nicht möglich.

In christlichen Kirchen wird in der Osternacht Wasser geweiht.

Bei Tauf-Zeremonien gießt der Priester dieses geweihte Wasser über den Kopf des Täuflings, meist eines Babys.


## Osterlamm

Das Schaf ist auf der ganzen Wellt verbreitet. Es gibt viele verschiedene Arten. Schafe gehören zu den ältesten Haustieren der Menschen. Lämmer sind Jungtiere, nicht älter als ein Jahr.

Schafmilch hat einen hohen Fettgehalt und wird häufig zu Schafskäse verarbeitet. Seit langem wird Schafwolle geschätzt für warme Kleidung.

## Jutta Fellner-Pickl

## Wie der Osterhase das Grün der Hoffnung findet

**Jutta Fellner-Pickl**, geboren im Mai 1939, ist gelernte Großhandelskauffrau.

Schon in jungen Jahren schrieb sie gerne Gedichte.

Parallel zu ihrer Berufstätigkeit war sie Mutter und Hausfrau, und hat fast 20 Jahre in der Familie gepflegt.

Richtig zum Schreiben kam sie während einer schweren Krankheit. In dieser Zeit brachte sie anfangs in bedrückenden Gedichten ihre schwierige Lebenssituation zum Ausdruck.

Weiterhin verfasste sie Erzählungen, Märchen und Glossen.

Besonders bekannt sind ihre Weihnachtsgeschichten aus dem Büchlein **„Warum der Engel lachen musste"**, die in Büchern, Zeitschriften und Kalendern publiziert wurden.

**Veröffentlichungen:**
**„Warum der Engel lachen musste"**
**„Von Sternenlicht bis Mondgeflüster"**
**„Das Wunder der Weihnacht"**

Jutta Fellner-Pickl lebt am Chiemsee. Sie geht in die Berge, schwimmt im See, besucht Senioren in Heimen, und liebt ihren Garten. Sie ist sehr beschäftigt, liest unwahrscheinlich gerne, und zum Entspannen schaut sie Krimis.